UN MILLIARD

DE DÉGRÈVEMENT

FRÉDÉRIC ACHER

PRIX : 50 CENT.

HAVRE

R. GODFROY, LIBRAIRE-EDITEUR

86, rue Thiers

Imprimerie T. LECLERC, 174, Cours de la République.

1880

UN MILLIARD

DE DÉGRÈVEMENT

FRÉDÉRIC ACHER

HAVRE

R. GODFROY, LIBRAIRE-EDITEUR

86, rue Thiers

Imprimerie T. LECLERC, 174, Cours de la République.

1880

MARÉCHAL DE VAUBAN.

Je te dédie ce Mémoire.

Nul n'ignore que tu fus un grand homme de guerre. Puisse cet humble hommage rappeler à ceux qui l'auraient oublié que tu fus un grand citoyen. Et si, par hasard, il reste après la mort quelque chose de l'homme qui s'occupe encore des affaires d'ici-bas, daigne accorder ta protection à mon œuvre.

L'IMPOT

Nous allons chercher à nous rendre compte des conditions les plus favorables à la production, et montrer les conséquences à en tirer.

Nous supposerons la terre peuplée d'hommes honnêtes et intelligents, se respectant mutuellement, et vivant en paix sans qu'il soit nécessaire d'employer à ce dessein des armées, des magistrats, une police, enfin toute une administration coûteuse. Nous irons plus loin, nous admettrons même que notre globe est débarrassé de toute espèce de droits ou impôts. Dans cet état, les hommes profiteront des avantages naturels et artificiels qui s'offriront à eux pour en tirer par leur travail le plus de bénéfices et de jouisssances. Il se formera une certaine organisation libre, et il semble bien évident que cette seule condition de liberté sans charges suffira à réaliser la situation la plus parfaite, la plus favorable à la production. S'il restait dans l'esprit quelque doute à cet égard, il est bien facile de l'en écarter. Apportons tout simplement quelque modification à cet état d'absolue liberté, et nous verrons que, transgressant les lois naturelles de la production, nous introduisons une cause de trouble, et détruisons l'économie du travail.

Un groupe d'invidus, l'Etat français, par exemple, crée une ligne de douanes, et établit un droit sur le coton (ou une autre matière) et tous les articles qui en dépendent. Qu'en adviendra-t-il ? Admettons que chaque citoyen français dépense par an 40 francs pour le coton qui entre chez lui sous toutes les formes. Supposons que le droit s'élève à 20 francs ; le citoyen français sera obligé de payer 60 francs ce qu'il payait 40 auparavant.

L'effet inévitable de cet enchérissement factice d'un produit est la diminution de consommation de ce produit. Le citoyen se trouvera privé d'une jouissance qui lui était acquise ; forcé de modifier ses dépenses, il est probable qu'il les diminuera toutes, mais surtout celles se rapportant aux articles de l'industrie cotonnière.

L'Etat recevra 20 francs, moins les frais de perception, 3 francs environ, soit 17 francs. Le citoyen subira un préjudice de plus de 20 francs, car il préférerait certainement payer cette somme en la prélevant sur l'ensemble de ses dépenses à sa guise que de la voir ajoutée au prix d'un article déterminé. De plus, les constatations légales imposent à l'industrie et au commerce des charges à peu près égales aux frais de perception.

Ce n'est pas tout encore. L'Etat en élevant chez lui le prix des produits où rentre le coton se ferme des débouchés d'exportation, et en se nuisant à lui-même nuit en outre à ceux qui sont privés de ses marchandises. S'il emploie le régime des admissions temporaires, il en résulte des frais de constatation et des difficultés d'évaluation inextricables.

Telles sont les conséquences d'un impôt purement fiscal.

Opérons maintenant un autre changement, et, pour lui donner une couleur d'actualité, faisons-le au Canada. Nous établirons sur le sucre un droit de douane de 50 centimes par kilogramme. Supposons que le Canadien consomme en moyenne 20 kilogrammes de sucre par an au prix de 1 franc le kilogramme, soit 20 francs. Dorénavant, si nous admettons que la consommation ne change pas, il payera 30 francs. La fabrication du sucre n'existait pas auparavant dans le pays. Un industriel s'aperçoit que le nouveau droit lui permet de créer une fabrique. Tout compte fait, y compris une rémunération à peu près équivalente à celle du producteur étranger et de l'importateur, les 20 kilogrammes de sucre lui reviennent à 25 francs. Nous admettrons qu'il puisse fournir la moitié de l'approvisionnement nécessaire au Canada. Il vend les 20 kilogrammes de sucre 30 francs, et réalise un bénéfice additionnel de 5 francs ; tandis qu'auparavant il en eût perdu 5.

Le producteur étranger et l'importateur voient leur production et leur commerce diminuer. Ils avaient arrangé leurs affaires pour le mieux ; la nouvelle tournure qu'ils devront leur donner leur sera moins avantageuse. Le consommateur Canadien paie 30 francs au lieu de 20. Il perd 10 francs. Nous avons supposé que l'usine nationale ne fournissait que la moitié du sucre nécessaire soit 10 kilogrammes par tête. L'importation fournit toujours 10 kilog. Sur ces 10 kilog. le Trésor du Canada touche 5 francs, moins les frais de perception et de douane. L'industriel Canadien a 5 francs de bénéfice par 20 kilogrammes et pour les 10 kilog. qu'il fournit par tête, il aura 2 fr. 50.

Récapitulons :

PERTES			BÉNÉFICES	
Producteur étranger et importateur..	Mémoire		Trésor...............	5 —
Consommateur ...	10 —		Industrie...........	2 50
Frais perception ..	Mémoire			
« douane	Mémoire			
TOTAL...........	10 —		TOTAL	7 50

En résumé, il y a pour la nation canadienne une perte de 2 fr. 50 par tête, plus les frais de perception, de douane, et le préjudice causé à l'importateur, et en outre pour la producteur étranger une perte portée pour mémoire.

Un second industriel, encouragé par le succès du premier, crée aussi une usine, et sa fabrication supprime toute importation. Si les deux industriels s'entendent, ils pourront continuer à vendre 30 francs les 20 kilog. de sucre, et le résultat sera à peu près le même que tout-à-l'heure.

PERTES		BÉNÉFICES	
Producteur étranger et importateur..	Mémoire	Trésor..............	0 —
Consommateur...	10 —	Industrie............	5 —
Frais douane	Mémoire		
TOTAL	10 —	TOTAL	5 —

D'où perte 5 francs, plus articles portés pour mémoire.

Si les deux industriels se font concurrence, ils ramèneront le cours de 30 à 25 fr.; alors leur bénéfice additionnel sera nul, et le consommateur ne perdra plus que 5 francs.

Quel que soit le prix de vente, la perte indépendamment des articles portés pour mémoire sera toujours de 5 francs par 20 kilog de sucre canadien; et la rai-

son en est bien simple. Le travail nécessaire pour
mettre dans l'armoire du consommateur le sucre
nécessaire à son usage valait 20 francs. Par un moyen
factice, on l'a remplacé par un autre qui coûte 25
francs. Il y a donc 5 francs perdus pour l'humanité,
5 francs jetés à la mer, sans compter les dépenses
exigées pour faire respecter une volonté arbitraire.

Je ne crois pas inutile de faire observer que c'est
le consommateur qui fait les frais, et que le trésor ou
l'industriel n'en rattrapent qu'une partie. Si notre bon
Canadien a des intérêts dans l'usine de l'industriel, ou
se fait allouer la part du trésor (quand il y en a une)
il ne pourra jamais rattraper la perte réelle.

Pour compléter cette étude du droit dit protecteur,
j'ajouterai que non-seulement, il provoque l'établissement d'une industrie ruineuse ou simplement coûteuse
pour le pays, mais il peut encore détruire des industries
viables sans secours. Le liquoriste forcé de payer le
sucre plus cher, se verra obligé de vendre ses produits
un prix plus élevé, et l'exportation s'en trouvera
compromise. D'où perte pour le liquoriste, perte pour le
consommateur étranger. Nous avons déjà vu cet effet
produit par le droit fiscal; nous avons dit que l'admission temporaire était un remède, mais un remède bien
coûteux et prêtant à une foule d'erreurs et de fraudes.

Il est impossible de rembourser exactement à la sortie sur un produit fabriqué le droit qu'a payé la matière employée à l'obtenir. Le trésor rembourse toujours moins ou plus.

S'il rembourse moins, l'admission temporaire laisse subsister en partie les effets qu'elle a pour but de détruire.

S'il rembourse plus, il y a alors prime à l'exportation, et cette prime est tout simplement une charge pour l'Etat; une partie de cette prime est un cadeau pour l'étranger ; l'autre partie, en permettant à une industrie de dépenser pour la fabrication d'un produit une somme supérieure à sa valeur, est perdue sans retour et sans avantages pour personne.

Les inconvénients du droit protecteur sont encore plus grands que ceux du droit fiscal.

Nous venons de voir que tout droit sur quelqu'objet qu'il porte trouble l'économie naturelle de la production, en imposant aux nations des charges sans compensation. Mais l'état idéal qui a servi de base à notre étude n'existe pas et ne peut pas exister. Toute nation a des dépenses obligées, et, pour ces dépenses, il lui faut des ressources. L'impôt seul peut les lui donner.

Puisque toute charge nuit à la société et modifie une ou plusieurs branches de travail, il faut pour qu'un système d'impôts soit bon qu'il frappe toutes les nécessités de la vie, toutes les jouissances dans une égale proportion. Pour arriver à ce système, on doit chrcher à évaluer le prix relatif de chaque objet, de chaque service en supposant la société sans impôts, et ensuite les taxer proportionnellement à ce prix. En effet, le prix d'un objet représente la valeur pécuniaire du travail nécessaire à sa création ; les dépenses publiques doivent être faites pour la protection du travail de toute la nation, et il est juste que tout travail paie pour cette protection suivant sa valeur.

On voit quelle effroyable tâche s'impose le créateur de ressources budgétaires. Je crois que la tête la mieux organisée se briserait sans trouver la solution même approché du problême. Mais nos financiers ne pouvant arriver au but devraient au moins chercher à s'en approcher le plus possible et éviter toute mesure qui soit de toute évidence en contradiction avec le principe de la distribution de l'impôt.

Quant à nous, nous irons plus loin, et, jetant de côté cette idée si complexe d'un système d'impôts multiples, non contents d'approcher du but, nous voulons y atteindre.

Nous venons de dire que l'impôt devrait frapper proportionnellement toute production, de façon à ne pas en déranger la distribution naturelle. Nous avons ajouté que la valeur du produit était le prix du travail plus ou moins ancien nécessaire à sa création (par ces mots : le travail plus ou moins ancien, nous voulons comprendre le travail récent qui a mis le produit au jour, et le travail antérieur qui a servi à obtenir le capital (connaissances acquises, fonds, machines, outils, terres préparées, etc.), utilisé dans cette opération) et que c'était cette valeur qui devrait être taxée. Mais ce prix du travail, qu'est-ce donc, sinon le revenu ? que l'homme ait un capital gros ou petit ou n'en ait pas comme auxiliaire.

Le seul système d'impôts qui soit à la fois praticable et juste, c'est l'impôt sur le revenu, c'est-à-dire sur l'ensemble des gains réalisés, salaires, émoluments, rentes, dividendes, loyers, bénéfices commerciaux, dons, héritages, etc.

Je ne crois pas inutile d'attirer l'attention sur ce genre de revenu, dons et héritages ; on pourrait objecter en effet qu'ils ne sont pas le fruit d'un travail et que le simple passage d'un bien d'une main dans une autre n'étant pas toujours la preuve d'un service, ne doit pas donner lieu à une taxe. A cela, on peut répondre que le don ou le legs a pour motif le plaisir causé au donateur par le bénéficiaire et que si les

services rendus, les jouissances procurées par celui-ci
ont été inconscients ou forcés, on serait mal venu à
vouloir en nier l'importance, lorsque c'est la seule
raison qu'on puisse invoquer pour expliquer l'origine
du don ou du legs.

Cette réflexion nous amène à faire remarquer que
le legs doit être absolument libre. L'homme à sa mort,
comme pendant sa vie, doit conserver la disposition
de tout ce qui lui appartient. En revanche, lorsqu'il
n'a pas usé de ce droit, tout son bien tombe en déshérence et revient à la société. C'est tout au plus si l'on
peut admettre qu'un père et une mère contractent une
obligation envers leurs enfants en leur donnant la vie,
et leur doivent, après leur mort, une partie de leur
fortune. Je ne veux pas pousser plus loin cette digres-
sion qui touche à des points ne faisant pas essentiel-
lement partie de notre sujet, et j'y reviens.

Il résulte de notre étude que l'Etat doit bénéficier
des biens tombés en déshérence par défaut de testa-
ment (réserve étant faite en faveur des enfants) et
qu'il doit demander le surplus des ressources qui lui
sont nécessaires à l'impôt sur le revenu.

Voilà le but, nous en sommes loin en France.
Pour y arriver, il faudrait établir au plus tôt
l'impôt sur le revenu, l'augmenter successivement, et

détruire en même temps les taxes de toutes sortes qui encombrent notre législation en commençant par les plus mauvaises, celles qui faussent le plus l'économie naturelle de la production.

Sans entrer dans les détails de l'application de cet impôt, j'ose affirmer que les frais de perception ne s'élèveraient pas, comme aujourd'hui, à 11 % des sommes perçues, que les déclarations exigées des contribuables ne leur imposeraient qu'un travail insignifiant, et que les fraudes n'arriveraient pas à des chiffres plus importants qu'avec les impôts actuels.

LA PROTECTION

Après avoir résolu la question de l'impôt il ne nous resterait plus rien à ajouter, s'il n'y avait de par le monde certaines erreurs assez accréditées avec lesquelles les intéressés font beaucoup de tapage. Nous voulons parler des idées protectionnistes.

Bien que la démonstration donnée des inconvénients du droit protecteur soit absolument irréfutable, nous craignons que quelques personnes ne se trouvent embarrassées par une contradiction apparente.

L'industrie protégée, la sucrerie au Canada, la filature en France, se disent-elles, ne peuvent fournir que moyennant 25 francs un travail pour lequel l'étranger demande 20 francs. D'où une perte apparente de 5 francs. Mais, en réalité, s'il est est vrai que le consommateur perde 5 francs, la filature gagne 25 francs de rémunération. Par suite, il y a encore pour la nation française un bénéfice de 20 francs, puisqu'elle crée elle-même une valeur de 20 francs, au lieu de la payer à l'étranger.

Cette contradiction est facile à expliquer. En payant à l'étranger 20 francs pour le service rendu, le consommateur dépense 20 francs c'est-à-dire détruit pour son usage une valeur de 20 francs, dont il ne reste rien. En payant 25 francs à l'industrie française il détruit une valeur de 25 francs, mais il n'y a pas création d'une richesse permanente de 25 francs, car les 25 francs de rémunération, l'industrie les a dépensés pour vivre. Si l'on suppose cette industrie nationale supprimée purement et simplement, et disparus tous les hommes qu'elle occupe, le consommateur y gagnera 5 francs; et s'il les épargne, la richesse du pays s'augmentera de 5 francs. Par cette suppression supposée, le nombre des habitants diminuera et la richesse totale augmentera. Double raison pour l'accroissement de la richesse moyenne des habitants.

Mais dira-t-on, si la filature disparait de la sorte, cela diminue le nombre des consommateurs, et les autres industries prospères se trouveront atteintes. De deux choses l'une : les industries prospères donnent par la protection à la filature plus que celle-ci ne leur procure de bénéfice, et alors la suppression de là protection et des charges qui en résultent leur sera favorable ou bien les industries prospères donnent à la filature moins que celle-ci ne leur procure de bénéfice, et après la suppression de la protection, en diminuant leurs prix, ces industries continueront à obtenir un bénéfice, tout en permettant à la filature de vivre.

Le retour à la liberté commerciale peut changer l'aspect général d'un pays en modifiant les relations intérieures et en amenant des déplacements de population. Il importe de bien se rendre compte comme l'inégalité des droits fiscaux et de la protection provoque une mauvaise distribution de la production à l'intérieur. C'est là un point essentiel sur lequel on ne saurait trop insister. Je crois, en effet, que la bonne répartition du travail, celle résultant des besoins naturels, suffirait pour donner une nouvelle vitalité au pays, et procurer à tous les citoyens une occupation lucrative. Des industries protégées aujourd'hui, une fois débarrassées des charges que leur impose la protection plus grande donnée à d'autres, entreraient dans la voie de la prospérité. D'autres encore que ces charges empêchent de se créer surgiraient tout-à-coup.

Au contraire, et en dépit de toutes les résistances du monde, il est certain que la protection donnée à un certain nombre d'industries rend légitimes les réclamations de celles qui non privilégiées demandent à le devenir; et, si, entrant dans cet ordre d'idées, on arrive à protéger toutes les industries qui donc en paiera les frais ? Si les industries se les paient réciproquement, notre système économique donnera au monde l'incroyable spectacle d'une farce grandiose. Mais si les industries sont incapables de se faire cet aimable échange de cadeaux, qui donc paiera ? — Eh bien, ce sera la richesse accumulée, la fortune du pays, et quand de protection en protection, de dégringolade en dégringolade, la nation aura mangé son capital, on mettra sur la France un grand écriteau avec ces mots :

« Les habitants de ce pays, dans une ère de prospé-
» rité, ont décrété qu'ils ne voulaient plus faire usage
» que d'aliments nationaux, de vêtements nationaux,
» d'ustensiles nationaux, de maisons bâties avec des
» matériaux nationaux. Ils sont tous morts en criant :
« Vive la nation. » Si quelque voyageur égaré met le
» pied sur cette terre, qu'il s'en écarte bien vite, et
» respecte ce cimetière national. *De profundis* ».

Mais fort heureusement, nous en resterons tout au plus à la farce ; nous n'avons pas en expectative cette lugubre destinée ; et, grâce à l'exubérance de santé de notre pays, nos médecins Tant-pis pourraient lui enlever de la vigueur, mais non le tuer.

La liberté commerciale rétablit à l'intérieur d'un pays l'équilibre de la production, sans en chasser personne, quand ce pays est en état de fournir à tous ceux qui l'habitent des moyens d'existence. Sinon, l'émigration vers des régions plus favorisées est indispensable ; et toute mesure qui tend à l'empêcher ne peut que maintenir la misère d'une partie de la population, exposée aux caprices de la charité publique ou nationale. La vraie charité est quelque chose de plus qu'un bon mouvement du cœur. Elle appelle la raison à son secours, et, non contente d'apporter quelque soulagement aux souffrances présentes, elle cherche pour l'avenir à en détruire les causes et à en prévenir les effets. La France peut proclamer la liberté commerciale, et si cette mesure entraîne dans quelque partie du pays une secousse douloureuse, n'oublions pas qu'il y a à nos portes une grande contrée qui peut devenir une autre France. L'Algérie offre à l'exploitation de l'homme des richesses sans nombre. Au lieu de jeter chez nous des secours engloutis sans retour à des malheureux maintenus par là même dans une fausse situation pernicieuse, pourquoi donc ne pas en distribuer à ceux qui consentiraient à aller développer par leurs efforts la puissance de cette nouvelle France. Ils seraient bientôt à l'abri du besoin, et pourraient à juste titre relever fièrement la tête que doit baisser en rougissant tout mendiant pauvre ou riche auquel on jette une aumône. Ouvriers, entrepreneurs, capitalistes, au lieu de tendre lâchement leur chapeau, pourraient y mettre une cocarde et crier de bon cœur : « Vive la nation. »

LES TRAVAUX PUBLICS

La protection accordée à certaines industries impose à une nation des charges considérables. Mais il n'y a pas que les tarifs de douane qui bouleversent l'économie naturelle du travail et diminuent la production. Il y a un autre genre de protection non moins funeste; nous voulons parler des travaux publics qui ne servent le plus souvent qu'à développer l'industrie des transports. Et vraiment, on peut, sans trop s'avancer, affirmer que les trois-quarts de l'argent dépensé à cet usage est employé d'une façon improductive.

Le rôle de l'Etat n'est pas plus d'entreprendre quelques industries pour son propre compte que d'en protéger certaines autres Les travaux publics peuvent se classer en deux catégories: les travaux dont tout le monde peut se servir moyennant une taxe proportionnée à l'usage, et ceux pour lesquels la taxation est impraticable. Dans la seconde catégorie, rentrent les routes, les ponts, etc. Dans la première, les chemins de fer, les canaux, etc., ces travaux que nous pourrions appeler travaux d'exploitation doivent être laissés à l'initiative privée. L'Etat doit simplement intervenir pour étudier l'utilité et la convenance des projets soumis, et cette étude accomplie, autoriser, s'il y a lieu, les entrepreneurs à accomplir leur œuvre, en leur donnant le droit d'expropriation. Quant aux travaux déjà effectués, le mieux est de les mettre en adjudication et de les rendre à l'exploitation privée.

Les travaux de la seconde catégorie restent forcément à la charge de l'Etat; mais il faut s'assurer que la somme des avantages procurés est au moins égale à l'intérêt du capital engagé. Si cette précaution était toujours prise pour les travaux de la première catégorie, nous n'aurions pas vu les fautes commises jusqu'ici. Mais l'expérience ne nous permet pas de croire qu'on puisse trouver d'une façon générale le mobile d'une étude sérieuse, posée, réfléchie, ailleurs que dans l'intérêt privé. On dira peut-être que la multiplicité des effets produits part un ouvrage public empêche de bien les apprécier Ce n'est là qu'un sophisme d'hommes politiques soignant leurs intérêts électoraux ou d'ingénieurs désireux de se faire remarquer par l'exécution d'ouvrages importants. Quand l'exploitation d'un ouvrage ne donne pas une recette couvrant dans un délai plus ou moins long les frais et l'intérêt du capital engagé, l'ouvrage est mauvais. La recette effectuée, voilà le chiffre du service rendu; il n'est pas nécessaire de se creuser la tête pour le trouver ailleurs, et chercher a tromper les autres ou à se tromper soi-même.

En écartant les travaux d'exploitation du programme des entreprises d'état, on évite en outre les difficultés de répartition des dépenses entre l'Etat lui-même, les départements, les communes. Pour les travaux de la seconde catégorie, elles existeront toujours, et il faudra toute la conscience, le désintéressement de l'administration à tous les degrés pour apprécier la part contributive de chaque groupe.

Il n'est pas sans intérêt d'examiner les effets apparents de cette protection accordée par l'Etat d'abord aux industries de transports, ensuite à certaines autres industries. Les influences déterminantes dans la discussion des choses publiques sont d'autant plus grandes qu'elles sont plus près du pouvoir. La capitale, les villes, les villages, les campagnes, tel est l'ordre dans lequel on peut les ranger. Il en résulte que la capitale d'abord, les villes ensuite sont favorisées aux dépens des campagnes. Mais si cette façon de procéder crée au profit des premières une situation incompara-

blement supérieure à celle des dernières, il s'en faut de
beaucoup que les résultats rêvés soient obtenus. On
fait beaucoup de mal aux campagnes; Paris et quelques villes seulement en tirent un avantage appré-
ciable. En effet, que fait-on ? On demande de grosses
sommes à la nation, on en gaspille la meilleure portion,
et le reste est à peu près exclusivement employé dans
l'intérêt des villes. Mais ce reste représente à peine
leur part contributive. D'ailleurs elles souffrent elles-
mêmes de ce gaspillage des ressources des campagnes
qui renchérit les produits agricoles. Et puis, on donne
un trop grand développement à la population des villes
comparativement à celle des campagnes ; et la proportion naturelle entre la production des articles
d'alimentation et la fabrication des articles manufac-
turés est détruite. N'entend-on pas tous les jours
des plaintes sur l'abondance des produits manufac-
turés ? A-t-on jamais entendu dire qu'il y ait trop de
pain ou trop de viande ? Cette production forcée des
villes, diminuée des campagnes, voilà la vraie cause de
la violence des crises commerciales, industrielles agricoles. Par quelle suite d'idées a-t-on donc pu être
amené à leur trouver ce remède fatal, faire des travaux
publics, protéger les industries manufacturières.
Jamais le soin de l'intérêt général n'a pu conduire à
de pareilles mesures, et ne semble-t-il pas étrange

qu'on n'ait pas laissé la gloriole de leur trouvaille aux petits intérêts particuliers qu'elles servent. Quand un homme accepte la tâche de représenter, de servir ou de gouverner ses compatriotes, il s'impose le devoir de résister aux obsessions de la cupidité privée, et il ne doit pas oublier que si, par une faiblesse honteuse et de lâches condescendances, il arrive aujourd'hui à quelque popularité, il sera flétri demain par l'opinion publique mieux éclairée.

CONCLUSION

Nous avons cherché à montrer les inconvénients de notre régime économique et social actuel en restant sur le terrain des intérêts matériels du pays. Nous aurions peut-être pu étendre la question, mais nous avons préféré rester dans les études de chiffres, et c'est par des chiffres que nous allons conclure.

Les frais de perception sont aujourd'hui d'environ 300 millions, la suppression des douanes et l'établissement de l'impôt sur le revenu entraineraient une économie de 150 millions.

La réduction des travaux publics dans les limites que nous avons indiquées supprimerait un gaspillage de 200 millions au moins par an.

Les frais imposés aux contribuables par le mode de perception des impôts, surtout des impôts indirects, s'élèvent environ aujourd'hui à 400 millions et seraient réduits de 300 millions.

La liberté des échanges en rendant à tous les objets

leur valeur véritable, faussement augmentée aujourd'hui, procurerait à la nation une économie de 350 millions au minimum.

La conversion de la rente 5 % diminuerait le service de la rente de 50 millions, et sans compter l'avantage d'une répartition plus juste des charges entre tous les Français, procurerait à la nation le bénéfice réalisé sur les titres placés à l'étranger.

Additionnons :

Economie sur les frais de perception . . . . 150 m.
Gaspillage supprimé pour les travaux publics . 200 »
Diminution des charges imposées aux contribuables par la législation financière. . . 300 »
Economie résultant de la suppression de la protection . . . . 350 »
Conversion de la rente 5 % . . . . mémoire

        Total . . . . Un Milliard

Il suffit d'un peu de bonne volonté pour réaliser un dégrèvement d'un milliard !

F. AGHER.

17 Février 1880.

Havre. — Imp. T. Leclerc.

www.ingramcontent.com/pod-product-compliance
Ingram Content Group UK Ltd.
Pitfield, Milton Keynes, MK11 3LW, UK
UKHW020000130726
13694UKWH00005B/1984